BEI GRIN MACHT SICH IHR WISSEN BEZAHLT

- Wir veröffentlichen Ihre Hausarbeit,
  Bachelor- und Masterarbeit

- Ihr eigenes eBook und Buch -
  weltweit in allen wichtigen Shops

- Verdienen Sie an jedem Verkauf

Jetzt bei www.GRIN.com hochladen
und kostenlos publizieren

Sarah Suchy

Tiere in der Kunst

GRIN Verlag

Bibliografische Information der Deutschen Nationalbibliothek:

Die Deutsche Bibliothek verzeichnet diese Publikation in der Deutschen National-
bibliografie; detaillierte bibliografische Daten sind im Internet über http://dnb.d-
nb.de/ abrufbar.

Impressum:

Copyright © 2008 GRIN Verlag GmbH
Druck und Bindung: Books on Demand GmbH, Norderstedt Germany
ISBN: 978-3-640-36464-0

Dieses Buch bei GRIN:

http://www.grin.com/de/e-book/130322/tiere-in-der-kunst

Inhalt

1. Einleitung

Schon seit den frühesten Anfängen der Kultur des Menschen spielen auch Tiere in der Kunst eine große Rolle. Beginnend bei den steinzeitlichen Höhlenmalereien (Abb. 1)[1], wie z. B. in der Grotte Chauvet in Vallon Pont d'Arc/Südfrankreich, die ca. 31500 Jahre alt sind[2], bedienten sich auch die alten Ägypter der Darstellung von Tieren in ihren Hieroglyphen (Abb. 2), um sich auszudrücken. Weiterhin waren Tiere auch noch im Spätmittelalter, der Renaissance, bis hin zum Expressionismus und weit darüber hinaus beliebte Darstellungsobjekte. Beispiele hierfür sind das *„Rhinocerus"* von Albrecht Dürer aus dem Jahre 1515 (Abb. 3) und *„Kühe – rot, grün, gelb"* von Franz Marc aus dem Jahre 1912 (Abb. 4).

Die folgende Referatausarbeitung beschäftigt sich mit einigen der jüngsten Beispiele von Tieren in der Kunst, sowohl mit dem Tier als Kunstobjekt der Moderne und Postmoderne in abgebildeter Form, als auch mit der Kunst mit dem lebenden Tier an sich.

Zu Beginn der Arbeit sollen zusammenfassend einige Merkmale der Moderne und Postmoderne erläutert werden, um das weitere Verstehen zu erleichtern. Daraufhin wird anhand des Textes *„The Postmodern Animal"* von Steve Baker konkret auf drei zeitgenössische Künstler, ihre Ansätze und Werke eingegangen. Schließlich wird sich mit dem Gedanken beschäftigt, inwieweit es u.a. zu Widersprüchen innerhalb mancher Kunstwerke kommen könnte.

2. Moderne und Postmoderne

Wie auch der Name schon vermuten lässt, ist der Begriff der Postmoderne von der Definition der Moderne abhängig.

Die Moderne beginnt etwa ab dem Jahr 1950 und läutet das so genannte Zeitalter der *Ismen* ein. Man redet nun, unter anderem in Kunst und Literatur, nicht mehr von Epochen, sondern nur noch von verschiedenen Stilrichtungen oder Strömungen, die nebeneinander her laufen und sich z.T. zeitgleich in unterschiedliche Richtungen entwickeln, wie z.B. Kubismus, Dadaismus, Expressionismus und Surrealismus.[3]

---

[1] Sämtliche Abbildungen der Arbeit siehe Anlage, Anm. der Verfasserin
[2] Vgl. www.seilnacht.com
[3] Vgl. Graham/Metzger, 1996, 19

Kennzeichnend für all diese Strömungen war, dass sie dem „Bruch mit allen überkommenen ästhetischen Normen einem kritischen Dekadenzbewusstsein Ausdruck verliehen."[4]

Außerdem zeichneten sie eine zunehmende Rationalisierung und der Glaube an den Fortschritt aus.

Mit der Machtergreifung der Nationalsozialisten fand die Moderne, zumindest in Deutschland, ihr jähes Ende. Viele Protagonisten der Moderne wurden, unter dem Vorwurf so genannte *entartete Kunst* zu erschaffen, von den Nationalsozialisten verfolgt und flohen u.a. nach Frankreich, in die USA und nach Israel, um der Verfolgung und dem von den Nationalsozialisten verhängtem Berufsverbot zu entgehen. Die im Exil entstandenen Werke, zählen ebenfalls noch zur (Spät-) Moderne.[5]

Der Zustand der Moderne wird in der darauffolgenden Postmoderne als Krise verstanden, da aufgrund der Relativierung von Wertmaßstäben und gültigen Gewissheiten keine vernünftige Legitimation von Wahrheit und Gerechtigkeit bestehen kann.

Die Forderung der Moderne nach ständiger Erneuerung und ihre Ablehnung jeglicher Tradition wurde in der Postmoderne aufgehoben.[6]

Mehr noch als bei der Moderne, handelt es sich bei der Postmoderne weniger um das Konzept einer Epoche, sondern um verschiedene Stilrichtungen, was eine Erläuterung des Begriffes der Postmoderne nahezu unmöglich macht. Denn mit dem Begriff ist ein komplexes Geflecht neuer Werte und Sichtweisen verbunden.

Die Postmoderne verfolgt im Gegensatz zur Moderne nicht die „Realisierung des Neuen" oder das Hervorbringen von etwas Neuem, sondern eine „Rekombination oder neue Anwendung vorhandener Ideen".[7]

Außerdem ist die Postmoderne vom Bild einer „pluralistisch[en], zufällig[en] und chaotisch[en]"[8] Welt und der damit verbundenen Entstehung einer neuen Wirklichkeit geprägt und somit auch von dem Wandel des Wahrheitsbegriffes.[9]

Der Zusammenhang zwischen Moderne und Postmoderne lässt sich weiterhin sehr gut mit einer Aussage von Lyotard, einem französischen Philosophen, darlegen:

> „Ein Werk ist nur modern, wenn es zuvor postmodern war. So gesehen bedeutet der Postmodernismus nicht das Ende des Modernismus, sondern dessen Geburt, dessen permanente Geburt."[10]

---

[4] www.lexikon.meyers.de - Moderne
[5] Vgl. www.info-magazin.com - Moderne
[6] Vgl. www.lexikon.meyers.de - Moderne
[7] Vgl. Balogh, 2005, 1f.
[8] Lehmann, 1999, 141
[9] Vgl. Balogh, 2005, 1f.
[10] Lyotard, 1987, 26

Anders als die Moderne, ist die Postmoderne nicht als allgemeiner Epochenbegriff anerkannt. Es ist daher auch nicht geklärt, ob wir uns gegenwärtig in der Postmoderne oder gar schon in einer ganz anderen geschichtlichen Epoche befinden.

2.1 Moderne Kunst

Die Aussage eines Kunstwerks ist bei moderner oder zeitgenössischer Kunst nicht immer unmittelbar erfahrbar, sondern bedarf einer intensiven Auseinandersetzung.

Die Künstler verließen ihre bisherigen Wege, die Natur wirklichkeitsgetreu darzustellen und bedienten sich bei ihren visuell gestaltenden Künsten unter anderem Malereien, Plastiken, der Fotografie, Happenings, Montagen, Collagen und der Videokunst.

Die neue Art, die Welt wahrzunehmen und zu beurteilen wurde zum Inhalt der Kunst, dargestellte Gegenstände und somit auch ihre Symbolik, verloren an Bedeutung.

Die Abkehr von der Wiedergabe der sichtbaren Welt trat durch abstrakte Künste in den Vordergrund. Die Kunst entstand aus sich heraus und sollte subjektive Gefühle und Empfindungen wecken.[11]

Mit den Worten des Künstlers Paul Klee: „Kunst gibt nicht das Sichtbare wieder, sondern macht sichtbar.“[12]

2.2 Postmoderne Kunst

In der Postmodernen Kunst werden die fortschreitende Technologisierung und zunehmende Dominanz der neuen Medien häufig kritisiert.

Der Postmoderne und ihren Protagonisten geht es nicht darum, Wirklichkeiten oder allgemeingültige Wahrheitsbegriffe zu liefern, da es *die eine* Wahrheit nicht gibt.

Die Schwierigkeit für postmoderne KünstlerInnen liegt darin, ein Werk so überzeugend und authentisch auszuarbeiten, dass es existieren kann, ohne einer, in der Postmoderne häufig kritisierten, Oberflächlichkeit zu verfallen.

Dabei ist es jedoch trotzdem Anliegen der Postmoderne, die Menschen „von der Straße“ anzusprechen und nicht nur für einen kleinen elitären Kreis zugänglich zu sein.[13]

---

[11] Vgl. www.dagmarwilde.de - 1.2 Moderne Kunst
[12] www.kunstwissen.de - Paul Klee
[13] Vgl. Balogh, 2005, 1f.

3. Steve Baker: „The Postmodern Animal"

Der Autor des Textes *„The Postmodern Animal"*, an dem sich das Referat und auch die dazugehörige Ausarbeitung orientiert, heißt Steven Baker und ist Professor für Kunstgeschichte an der Universitiy of Central Lancashire in Großbritannien, außerdem ist er Redaktionsmitglied der Zeitschrift „Society and Animals".[14]

Gearbeitet wurde ausschließlich mit dem ersten Kapitel des Werkes, dessen Überschrift lautet: *„ What is the Postmodern Animal?"*.

Die von Baker vorgestellten und im weiteren Verlauf dieser Arbeit behandelten Künstler verfolgen laut dem Autor alle ökologische Belange[15], doch ihre Ansätze dabei sind denkbar verschieden.

Nach Baker bietet das Thema von Tieren in der Postmodernen Kunst ein breites Spektrum an Ansätzen. Vom so genannten *animal-endorsing*, der Anerkennung des Tieres bzw. des Lebens der Tiere, bis hin zum *animal-sceptical*, das sich allerdings nicht gegenüber den Tieren skeptisch zeigt, sondern gegenüber der kulturellen Mittel, die nicht nur Menschen, sondern auch Tiere klassifizieren und sie einander unter- oder überordnen.[16]

3.1 Der Künstler Mark Dion

Der Künstler Mark Dion wurde 1961 in New Bedford, USA geboren und lebt heute in New York und Beach Lake. Zu seinen Werken zählen Installationen, Objekte, Zeichnungen und Materialbilder.[17]

Zwar geht Steve Baker nicht näher darauf ein, doch liegt es nahe, die im Folgenden näher betrachteten Werke von Dion dem Ansatz des *animal-sceptical* zuzuschreiben, da er z.T. drastisch auf die Mensch-Tier-Hierarchie aufmerksam macht.

Kennzeichnend für Dion ist die theoretische Perspektive seiner Werke. Der Philosoph Richard Rorty bezeichnete ihn gar als *‚ironist theorist'*.[18]

Ein typisches Beispiel seiner Arbeit ist die Installation *„Taxonomy of Non-Endangered Species"* von 1990 (Abb. 5).

In dieser Installation geht es laut Baker weniger um die Tiere selbst, sondern um die Versuche der Wissenschaft und der Philosophie Hierarchien zu erarbeiten, in welche die Tiere dann hineinplatziert werden.[19]

---

[14] Vgl. www.uclan.ac.uk
[15] Vgl. Baker, 2000,12
[16] Vgl. ebenda: 9
[17] Vgl. www.kunstaspekte.de
[18] Baker, 2000, 9

Das Werk besteht aus zwei Regalen, darin befinden sich beschriftete Glasbehälter unterschiedlicher Größe. In diesen Glasbehältern sind perfekt geformten Spielzeugtiere, wie Pluto oder Pink Panther in Alkohol eingelegt.

Unterhalb der Regale steht eine Leiter, auf der eine animierte und sprechende Mickey Mouse installiert ist.

Laut Bakers Beschreibung, soll die Figur der Mickey Mouse dabei Georges Cuvier darstellen, den Begründer der *Vergleichenden Anatomie*, die sich mit dem Bau verschiedener Tierarten beschäftigt.

Die Installation soll so eine Annäherung von Cuviers' Theorie an die Autorität der Disney-Welt abbilden und ausdrücken, wie die Figuren in den Themenparks zu so genannten *künstlichen Wahrheiten* über die natürliche Welt bekehren.

Auch gehört es nach Baker für Dion zur Rolle des Künstlers, sich als eine Art Umweltaktivist der Ironie, Allegorie und des Humors zu bedienen. Dies gilt besonders in Bezug auf die Organe, die, wie er es nennt, *besondere Wahrheiten* fördern, wie z.B. die Unterhaltungsindustrie.[20]

3.2 Das Künstlerduo „Olly&Suzi"

Steve Baker beschreibt in seinem Text, dass im Gegensatz dazu das britische Künstlerduo *Olly&Suzi* steht, das völlig frei von postmoderner Ironie arbeitet und denkt:

„The animals are here now, they just might not be for much longer."[21]

Ihr Ansatz ist somit dem *animal-endorsing* zuzuordnen. *Olly&Suzi* setzt sich zusammen aus Olly Williams und Suzi Winstanley, beide 1969 geboren.

Bei ihrer Arbeit verfolgen sie seit ca. 20 Jahren ein ganz bestimmtes, wenn auch auf den ersten Blick ungewöhnliches, Prinzip.

Sie malen die Tiere direkt vor Ort in der freien Natur, auch unter Wasser, verwenden dafür nur natürliche Materialien. Anschließend konfrontieren sie ihre „Modelle" mit ihrem Abbild, indem sie es ihnen mehr oder weniger zum Fraß vorwerfen.

Auf diese Art und Weise, so sagen die Künstler selbst, zeigen und schützen sie Tierarten, die vielleicht schon bald ausgestorben sind.[22]

---

[19] Baker, 2000, 9
[20] Vgl. ebenda, 10
[21] Ebenda, 11
[22] Vgl. www.greenpeace-magazin.de

„[I]n der Reaktion der Porträtierten auf das Kunstwerk, behaupten sie, lasse sich festhalten, was das Wesen wilder Tiere ausmache. Einen Hai beispielsweise lockten die beiden mit Ködern an die Meeresoberfläche; als das Tier dem Hai-Gemälde eine Ecke abbiss, drückte Greg Williams, Bruder von Olly, auf den Auslöser – so entstand das [- von ihnen wohl bekannteste -][23] Bild *‚Shark Bite, 1997'*.“[24] (Abb. 6)

Aber auch Zebras, Löwen, Tiger, Elefanten und viele weitere Wildtiere werden in ihre Werke involviert. Bei diesen anderen Projekten wurden die Kunstwerke unter anderem mit Abdrücken und Urin verschmutzt, weggezerrt, zerstört oder gar komplett aufgefressen.[25]

Innerhalb ihres Internetauftrittes verdeutlicht das Duo dies alles, ihre Vorgehensweise und ihre Absichten, in einem Statement:

"We paint together. Ours is a total collaboration. We paint hand over hand on the same painting at the same time. All our work is created in this way. Our art-making process is concerned with our journey; a collaborative, mutual response to nature at its most primitive and wild. The majority of our art is conducted in diverse and remote environments both on land and in the sea. We paint on location and in close proximity to animals, which are often endangered, because they are still here. They are our primary subject matter. Where possible we use natural pigments and materials. In this way the wild is our studio.
The painting is primarily about representation and symbolism. [...]"[26]

Die Erfahrung der gegenseitigen Reaktion in der Natur, zwischen Mensch und Tier und die Arbeit mit bedrohten Tierarten ist ihnen dabei sehr wichtig.

Da es, wie anfangs schon erwähnt, ein Kennzeichen der Moderne ist, dass sie sich jeglicher Symbolik widersetzt, können die Arbeiten von Olly Williams und Suzi Winstanley, die sich im Großen und ganzen mit der bloßen Darstellung der Tiere befassen, durchaus als postmodern angesehen werden, da sich ihre Kunstwerke, wie sie selber sagen, mit der Repräsentation der Symbolik befassen.

3.3 Die Künstler und der Wahrheitsbegriff

So unterschiedlich die Ansätze des Künstlers Mark Dion und des kreativen Duos *Olly&Suzi* auch sein mögen, Steve Baker spricht in seinem Text einen Punkt an, in dem die Künstler eine recht ähnliche Meinung äußern.

Denn hinsichtlich des Wahrheitsbegriffes will sich keiner genau festlegen. Ganz im Sinne der Postmoderne gibt es für sie nicht „die eine Wahrheit“. Jedes Individuum empfindet seine Wahrheit ganz subjektiv.

---

[23] Anm. der Verfasserin
[24] Der Spiegel, 2001, 119
[25] Baker, 2000, 11f.
[26] www.ollysuzi.com

Olly und Suzi äußern sich auf die Frage, ob sie mit ihrer Arbeit versuchen, die Wahrheit über die Tiere auszudrücken, vorsichtig und sind der Meinung, dass die postmoderne Skepsis über den Gebrauch der Begriffe Wahrheit und Wissen das Denken über Tiere zweifellos erschwert. Denn eine persönliche Wahrheit besteht auch aus Erfahrungen. Aber was ist eine verbindliche und authentische Erfahrung, auch angesichts der Tatsache, dass der Mensch sich selbst als den Mittelpunkt der westlichen Realität vorstellt, überhaupt? Diese Frage, stellen sich Williams und Winstanley laut Baker. Die Tatsache an sich beschreiben sie als die Last des westlichen Denkens. Über ihre Bilder wollen sie ihre ganz subjektive Wahrheit und ihre Sicht der Welt ausdrücken.[27]

Auch Mark Dion äußert sich zum Wahrheitsbegriff, indem er auf die Frage, wie er mit seinen Werken einen zeitgenössischen Sinn des Wunderbaren und Fantastischen provoziert, antwortet, dass das Erzählen der Wahrheit besser als jede Fiktion sei.[28]

3.4 Das lebende Tier in der Postmoderne

Auch er bediente sich in seiner Installation *„Library for the Birds of Antwerp"* (Abb. 7) lebender Tiere.

Das Werk besteht aus einem im Zentrum eines Raumes der Galerie aufgestellten baumartigen Gebilde. Finken fliegen in diesem Raum frei umher und bewohnen den Baum.

Baker schreibt, dass Dion so auf das Aussterben der Vogelarten aufmerksam machen will.

Die Vögel, die Bestandteil der Installation sind, stammen angeblich von einem Vogelmarkt in Antwerpen, der den Handel mit exotischen Vögeln seit dem 16. Jh., hingegen jeglicher Tierschutzregelungen weiter führt. Auch übrige Bestandteile des Werkes verweisen nach Steve Baker auf diesen Handel, wie z.B. Holzkäfige und Metallfallen, die in den Ästen des kränklich aussehenden Baumes hängen, oder auch vom Vogel-Schießen stammende Patronenhülsen.

Auch Bücher wurden an den Baum gehängt, so soll man den Eindruck erhalten, dass die Vögel Leserinnen und Leser sind. Der mit Büchern behängte Baum stellt dabei die Situation der Begegnung zwischen den vom Menschen geschaffenen Systemen des Wissens und der Natur dar, deren Eigenschaften noch weitestgehend unbekannt und auch weiterhin unerfahrbar sind, wie der US-Autor Norman Bryson interpretiert.[29]

Baker vermutet, dass es auch für *Olly&Suzi* die lebenden Tiere sind, die uns die Grenzen des menschlichen Einflusses und auch den Wert, mit und an diesen Grenzen zu arbeiten,

---

[27] Vgl. Baker, 2000, 12f.
[28] Vgl. ebenda, 12
[29] Vgl. ebenda, 15

aufzeigen. Die Gefahren, denen sie sich bei ihren Projekten in der Wildnis aussetzen, sollen sowohl den Menschen, als auch den Künstlern selbst, vor Augen führen, dass sie nicht mächtiger als die Tiere sind.[30]

3.5 Das moderne Tier

Lassen sich bei *Olly&Suzi* und Mark Dion eindeutig postmoderne Züge erkennen, stellt sich für Steve Baker die Frage, wie sich im Gegenzug das Tier in der Moderne beschreiben lässt.

Unter anderem besteht laut Baker die Behauptung, dass es kein modernes bzw. modernistisches Tier gibt, da, wie schon angesprochen, in der Moderne feste Bezeichnungen und somit auch die Symbolik verdrängt wird.

In der Moderne findet zudem ein Perspektivwechsel statt, was ein Denken außerhalb der sicheren menschlichen Perspektive bedeutet.

Ein Beispiel dafür ist der Aufsatz *„How does a horse see the world?"* des Künstlers Franz Marc von 1911.

Er beschreibt, das Künstler, wie Picasso oder Kandinsky nicht das Tier an sich malen oder zeichnen, sondern dessen Gefühlsleben, indem sie die innere Welt des Tieres zu entwerfen versuchen und somit die lebende Materie vermeiden.

Laut Marc müsse ein Künstler dafür besonders viel Sensibilität aufbringen.[31]

4. Fazit und Schlussgedanke

Wie diese Arbeit gezeigt hat, ist die Kunst der Postmoderne ebenso vielfältig, wie die Definition des Begriffs selbst.

Zudem werden in der Postmoderne auch politische, weltliche Probleme und Umstände dargestellt und angeprangert.

Doch sollten auch die Werke von Mark Dion oder *Olly&Suzi* nicht völlig kritiklos bleiben.

Zwar geht es ihnen laut Steve Bakers Interpretation um ökologische Belange und dabei besonders um den Schutz bedrohter Tierarten, doch ist es tier- bzw. artgerecht, den Tieren in ihrem Lebensraum aufzulauern und sie mit der Konfrontation mit vom Mensch erschaffenen Dingen , wie z.B. bei *Olly&Suzi*, zu verwirren, ihnen vielleicht sogar Angst einzujagen?

Und ist es nicht ein Widerspruch in sich, sollte diese Behauptung stimmen, dass Dion Vögel einsetzt, die von einem, alle Tierschutzgesetze missachtenden, Markt stammen, den er so noch finanziell unterstützt hätte? Lohnt sich dieses „Opfer" im Vergleich zu der Wirkung, die

---

[30] Vgl. Baker, 2000, 16
[31] Vgl. ebenda, 21

die Kunstwerke im Endeffekt auf die Menschen haben und bringt Kunst es fertig, Menschen wachzurütteln?

Und inwieweit geht es den Künstlern dabei um das Allgemeinwohl? Steht dies wirklich im Vordergrund, oder ist es doch eher der Reiz des Geldes, der dazu animiert, die Menschen in einer gewissen Weise zu schockieren und damit erfolgreich zu sein?

Deshalb wäre es interessant zu erfahren, wofür die Künstler ihre Einnahmen aufbringen und ob sie sich auch anderweitig aktiv für den Tierschutz einsetzen, z.B. durch finanzielle Unterstützung.

Um die Wahrheit auf all diese Fragen zu erfahren, müsste man die Künstler wohl persönlich interviewen. Doch was für eine Wahrheit kann man erwarten, wenn man sich die Bedeutung von Wahrheit in der Postmoderne vor Augen führt?

Literaturverzeichnis

Baker, Steve *(2000): The Postmodern Animal. London, Reakion Books Ltd.*

Balogh, Julia *(2005): Die Postmoderne - Eine Darstellung der für ihre Dramatik typischen Aspekte am Beispiel von Sarah Kanes Stück "Zerbombt".* *http://www.hausarbeiten.de/faecher/vorschau/42950.html (Stand: 03.08.2008)*

Graham, D. & Metzger R. *(1996): Kunst in der Postmoderne. Köln, König.*

Greenpeace *(2001): Animalisch.* *http://www.greenpeace-magazin.de/index.php?id=3721 (Stand: 03.08.2008)*

Info Magazin *(o. J.): Moderne.* *http://www.info-magazin.com/index.php?suchbegriff=Moderne (Stand: 03.08.2008)*

Kunstaspekte *(o. J.): Mark Dion.* *http://kunstaspekte.de/index.php?action=webpages&k=736 (Stand: 03.08.2008)*

Kunstwissen.de *(o. J.): Paul Klee (1879- 1940).* *http://www.kunstwissen.de/fach/f-kuns/b_mod/klee0.htm (Stand: 03.08.2008)*

Lehmann, Hans-Thies *(1999): Postdramatisches Theater. Frankfurt/Main, Verlag der Autoren.*

Lyotard, Jean-François *(1987) : Postmoderne für Kinder. Wien, Passagen Verlag.*

Meyers Lexikon Online 2.0 *(o. J.): Moderne.* *http://lexikon.meyers.de/meyers/Moderne (Stand: 03.08.2008)*

O. A. *(2001): Appetit auf Kunst. In Der Spiegel (44), S. 119*

University of Central Lancashire *(o. J.). Steve Baker.* *http://www.uclan.ac.uk/facs/class/humanities/staff/baker.htm (Stand: 03.08.2008)*

Wilde, Dagmar *(2003): 1.2. Moderne Kunst.* *http://www.dagmarwilde.de/bspmez/exarbju.html#1.2 (Stand: 03.08.2008)*

Williams, O. & Winstanley S. *(o. J.): Artist's statement.* *http://www.ollysuzi.com/statement/index.php (Stand: 03.08.2008)*

Anhang

Abb. 1: *Pferdeköpfe (Grotte Chauvet)*; http://www.seilnacht.com/Lexikon/Hoehlen.htm
Stand: 28.07.08

Abb. 2: *Hieroglyphen, von links nach rechts gelesen*; http://www.selket.de/hieroglyphen.htm
Stand: 28.07.08

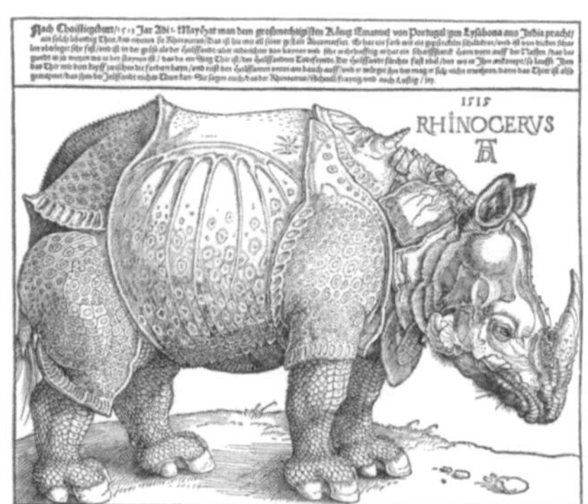

Abb. 3: *„Rhinocerus"*, Albrecht Dürer (1515);
http://de.wikipedia.org/wiki/Bild:D%C3%BCrer_rhino_full.png
Stand: 28.07.08

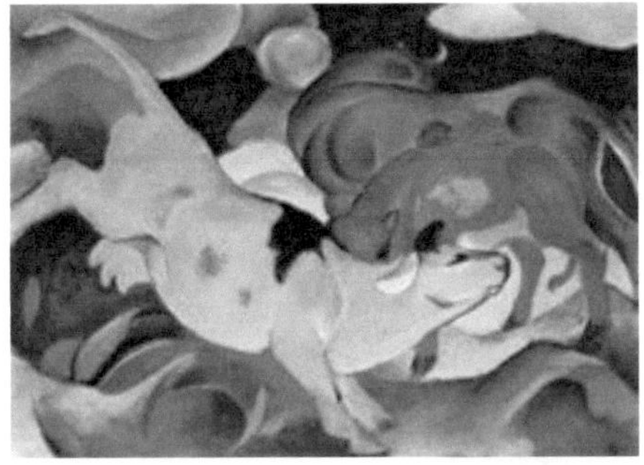

<u>Abb. 4</u>: *„Kühe – rot, grün, gelb "*, Franz Marc (1912);

http://www.onlinekunst.de/downloads/marc_kuehe_bunt.jpg

Stand: 28.07.08

<u>Abb. 5</u>: *"Taxonomy of Non-Endangered Species"*, Mark Dion (1990) –

Installationsausschnitt;

http://www.fathom.com/feature/122562/3349_art4_LG.html

Stand: 28.07.08

Abb. 6: *"Shark Bite"*, Olly&Suzi (1997)

http://www.ollysuzi.com/trips/ocean/shark/index.php?image=15

Stand: 28.07.08

Abb. 7: *"Library for the Birds of Antwerp"*, Mark Dion (1993)

http://www.art-things.blogspot.com/

Stand: 28.07.08